D'après le film de Dreamworks ; adaptation : Greg Newman ; dessin : Aky-Aka
avec la collaboration d'Émilie Saada.

ISBN : 978-2-874-42469-4

Shrek TM & © 2007 DreamWorks Animation L.L.C.

© 2007 Jungle

Première édition – Juin 2007

Imprimé en France par Pollina s.a., Luçon. Dépôt légal : Juin 2007 ; D.2007/0053/471

N° L21019

IL ÉTAIT UNE FOIS DANS UN ROYAUME FORT, FORT LOINTAIN...

UN ROI ET UNE REINE QUI DONNÈRENT NAISSANCE À UNE RAVISSANTE PRINCESSE...

LE PEUPLE ÉTAIT EN LIESSE. MAIS LES SOUVERAINS DÉCOUVRIRENT QU'UN MALÉFICE,

NUIT APRÈS NUIT, S'EMPARAIT DE LA PRINCESSE...

DÉSESPÉRÉS, ILS LUI CHOISIRENT UNE BONNE FÉE POUR MARRAINE.

ELLE CONSEILLA D'ENFERMER LA PRINCESSE DANS UN DONJON...

POUR Y ATTENDRE LE BAISER SALVATEUR DE SON PRINCE CHARMANT...

... CE DERNIER ENTREPRIT UN PÉRILLEUX VOYAGE, CHEVAUCHANT JOUR ET NUIT...

... RISQUANT SA VIE POUR GAGNER L'ANTRE DU DRAGON MAUDIT ! CAR IL ÉTAIT LE PLUS BRAVE... ET LE PLUS BEAU ! LE SEUL DONT LE BAISER AVAIT LE POUVOIR DE BRISER LE SORTILÈGE !

PSHII!

MAIS FINALEMENT...

ON S'OCCUPE DE TOUT !

METS LES GAZ, COCHER ! BOUGE-TOI SHREK, ÇA VA BOUCHONNER SUR LE PÉRIPHÉRIQUE !

DANGER

ON EST PRESQUE ARRIVÉ ?

NON

700 KM

ON EST PRESQUE ARRIVÉ ?

NON

ON EST PRESQUE ARRIVÉ ?

NOOON

200 KM.

LE ROYAUME DE FORT FORT LOINTAIN, L'ÂNE, IL EST COMME SON NOM L'INDIQUE... FORT FORT LOINTAIN !!!

BEAUCOUP PLUS TARD...

ON VA SE LA PÉTEEEER CAVIAR+CHAMPAGNE !!!

C'EST CLASSE CHEZ CENDRILLON !

IL EST FORT FORT LOINTAIN MON MARAIS...

JUST MARRIED

ACCLAMEZ LE RETOUR TANT ATTENDU DE LA RAVISSANTE **PRINCESSE FIONA** ET DE SON JEUNE ÉPOUX !

...

TU CROIS TOUJOURS QUE C'ÉTAIT UNE BONNE IDÉE ?

EVIDEMMENT. PAPA ET MAMAN ONT L'AIR RAVIS DE NOUS VOIR.

MAIS QUI SONT CES GENS ?

NOTRE PETITE FILLE

MOI J'APPELLE PLUTÔT ÇA UN ÉNORME PROBLÈME...

ON SE CARAPATE AVANT QU'ILS NE SORTENT LEURS FOURCHES !

CE SONT MES PARENTS...

...LES MÊMES QUI T'ONT CLOÎTRÉE DANS UNE TOUR !

MÈRE, PÈRE, JE VOUS PRÉSENTE MON ÉPOUX... SHREK !

LE SOIR VENU...

J'AI EU UN MAL FOU À VOUS TROUVER !

PAS À TABLE ! LES ANIMAUX À L'ÉTABLE !

C'EST UN AMI PÈRE : IL A EU LE COURAGE D'AFFRONTER LE DRAGON !

OUAIS C'EST MOI LE NOBLE DESTRIER !

DIS-NOUS OÙ TU VIS FIONA

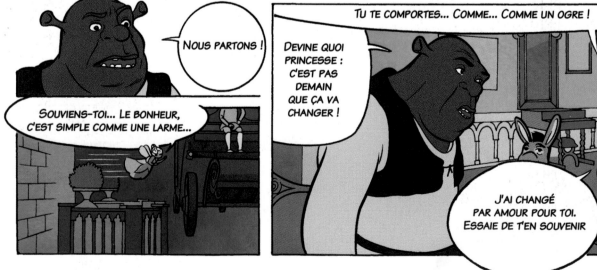

PENDANT CE TEMPS...

J'AI BESOIN QU'ON FASSE SON AFFAIRE À QUELQU'UN... À UN OGRE !

Y'A PAS TRENTE-SIX SOLUTIONS. JE VOIS QU'UN SEUL FONDU POUR ALLER SE FOURRER DANS CE GENRE DE GUÊPIER...

OÙ PUIS-JE LE TROUVER ?

J'AI OUÏ DIRE QUE VOUS VOUS Y ENTENDIEZ EN PROBLÈME D'OGRE...

POUR LES GROSSES PIÈCES, JE PRENDS UNE GROSSE SOMME.

CELLE-CI VOUS CONVIENDRA-T-ELLE ?

DITES-MOI OÙ JE PEUX TROUVER L'OGRE VOTRE MAJESTÉ...

PFFF

DANS LA CHAMBRE DES ÉPOUX...

JE SUIS MARRAINE LA BONNE FÉE, ABSENTE. VOUS POUVEZ PASSER À NOS MAGASINS POUR NOUS RENCONTRER. SOYEZ HEUREUX POUR TOUJOURS !

PARTANT POUR UNE NOUVELLE QUÊTE PETIT ÂNE ?!?

LÀ JE TE RETROUVE ! SHREK ET L'ÂNE ON THE ROUTE ENCORE VERS L'AVENTUUURE !!!

SUR MON HONNEUR, JE VAIS VOUS FAIRE ESCORTE ...

LE RÔLE DE L'ANIMAL PARLANT EST DÉJÀ DISTRIBUÉ ! EN ROUTE SHREK !

ON L'ADOPTE !

OH NOOON SHREK !

FINALEMENT...

C'EST LE PALAIS DE LA BONNE FÉE. LA PLUS GRANDE FABRICANTE DE SORTILÈGES ET DE POTIONS DE TOUT LE ROYAUME...

OOH ! LA CENTRALE ATOMIQUE !

SI ELLE A DE L'HUMOUR, ELLE NOUS LANCERA DES... MARRANTS SORTS ! HI ! HI !

SENIOR ! POUR QUE L'EFFET DE CETTE POTION SOIT PERMANENT, LE BUVEUR DOIT OBTENIR DE SA BELLE UN BAISER AVANT MINUIT !

MERCI MESSIRE !

DITES À LA PRINCESSE FIONA QUE SON MARI, LE CHEVALIER SHREK, L'ATTEND !

AAAAAAH !!!

FIONA ???? SHREK ???

SALUT BEAU GOSSE !

C'EST... C'EST TOI L'ÂNE ?

OH LA POTION ! ELLE A PRIS SUR VOUS AUSSI PRINCESSE ?

BLAM!

VOUS NOUS QUITTEZ DÉJÀ ? VOUS NE VOULEZ PAS VOIR VOTRE FEMME ?

FIONA...

C'EST TOI SHREK ?

ELLE A ENFIN TROUVÉ LE PRINCE DE SES RÊVES. C'EST UNE PRINCESSE ET VOUS UN OGRE !

AUCUNE POTION NE POURRA JAMAIS CHANGER CELA

EH ? OH ? C'EST QUOI LE TOPO ? OÙ VAS-TU ?

ELLE AIME CE JOLI CŒUR DE PRINCE CHARMANT ...

JE PIGE PAS SHREK, TU L'AIMES ?

C'EST POUR ÇA QUE JE LA LAISSE PARTIR...

TOC TOC !

J'ESPÈRE QUE VOUS AVEZ UNE BONNE RAISON POUR NOUS ATTIRER DANS CE BOUGE

VOILÀ : FIONA N'EN PINCE VRAIMENT PAS POUR LE PRINCE CHARMANT.

PAS MA FAUTE !

IL VAUT PEUT-ÊTRE MIEUX TOUT ARRÊTER.

DONNE ÇA À FIONA. ELLE TOMBERA AMOUREUSE DU PREMIER HOMME QU'ELLE EMBRASSERA... ET QUI SERA CHARMANT !

JE T'AI AIDÉ. MAIS JE PEUX TOUT ANNULER D'UN COUP DE BAGUETTE MAGIQUE !

ENCORE CET OGRE ?

ARRÊTEZ-LE !!!

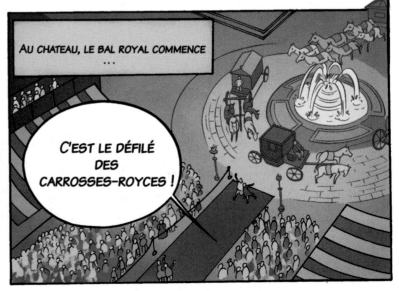

AU CHATEAU, LE BAL ROYAL COMMENCE ...

C'EST LE DÉFILÉ DES CARROSSES-ROYCES !

C'EST QUE LE CHÂTEAU EST GARDÉ PAR DES DOUVES...

ON EST CHOCOLAT !

TON PAPA, IL EST PÂTISSIER ?

EVIDEMMENT !

ON VA AVOIR BESOIN DE FARINE ! DES TONNES ET DES TONNES !

PEU APRÈS...

VAS-Y PETIT FRÈRE !

ALLEZ FONCE CAKE KONG !

MESSIRE ET GENTES DAMES, LA PRINCESSE ET SON JEUNE ÉPOUX ! JE LEUR DÉDIE CETTE CHANSON !

FIONA M'ACCORDERAS-TU CETTE DANSE ?

JE VEUX UN HÉROOOS !

HAROLD ?
TU DEVAIS LUI FAIRE
BOIRE LA POTION !

... J'AI DÛ ME
TROMPER
DE TASSE...

SCRAAAATCH

MAMAAAN !!!

JE T'AI DIT
QUE LES OGRES
NE VIVAIENT
JAMAIS
HEUREUX POUR
TOUJOURS !!!

AAAAAAAAH !

OHOOOOO ?!?

VLOUCH !

28

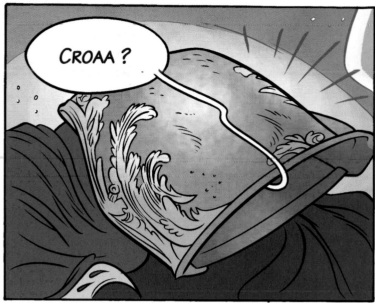

L'ÂNE, POUR MOI TU SERAS TOUJOURS UN NOBLE DESTRIER...

ALORS OÙ EN ÉTIONS-NOUS ?

...ÇA Y EST JE ME SOUVIENS !

CARAMBA ! C'EST LA FIESTA !!!